MES PREMIÈRES POULES

MODE D'EMPLOI

FRANCK ET CÉCILE SCHMITT

Merci aux éleveurs amateurs qui nous ont ouvert leurs portes pour réaliser les photos.
Merci à Jules pour son sourire enfantin.
Merci à Élisabeth, Frédérique, Laurent et Mathieu pour leur confiance.
Merci à nos enfants Hugo, Lucas et Paolo pour leur aide sans faille dans nos projets plumés ou non !

Dépôt légal : février 2013
ISBN : 978-2-8153-0297-5

www.rustica.fr

SOMMAIRE

CHAPITRE I
UN RÊVE : DES POULES !

NOM LATIN :

Gallus gallus domesticus

SIGNES PARTICULIERS :

- Ponds des œufs
- Glousse
- Est décoratif

#4561123134567168921489722

POULE, VOS PAPIERS !

On pense tous la connaître, mais la connaissons-nous vraiment ? La poule se dévoile sous un autre jour ! Animal de rapport, de compagnie ou d'ornement, nous avons tous une bonne raison de l'aimer !

› Qui es-tu ?

Laissons tout d'abord la parole à la poule : mon nom latin est *Gallus gallus domesticus* ! En fait, je suis tout simplement un animal avec deux pattes, deux ailes, une tête, une crête, un bec qui me permet de picorer ! Et je suis couverte de plumes. On dit que je caquette, claquette et même que je glousse.

L'avis de l'heureux propriétaire ? Une poule, ce n'est pas une bête championne d'intelligence certes, mais elle est si attachante ! C'est un animal utile et décoratif qui touche notre cœur d'enfant. On rêve tous d'une poule dont on pourrait s'occuper ! Une poule, c'est un oiseau et ça vole assez bien (bon ok, pas les poules très lourdes...) ! Elle a des écailles de reptile sur les pattes et même au milieu de ses ailes, des traces de phalanges avant que celles-ci deviennent entièrement des ailes ! **Eh oui, une poule n'est pas aussi banale que certains le pensent !**

ET ALORS LES POULES D'EAU, CE SONT DES POULES QUI NAGENT ?

Non bien sûr, c'est une lointaine cousine, mais pas une sœur ! Pas plus qu'un canard ou une dinde n'est semblable à la poule.

› D'où viennent les poules ?

Toutes les races de poules viennent d'une seule race sauvage provenant de la forêt de Bornéo. Son petit nom : la bankiva ou alors, pour les plus érudits, *Gallus gallus*.

Mais la poule est migrante, avec ou sans papier, alors elle a muté toute seule au commencement pour s'adapter aux différents climats, nourriture et autres conditions extérieures. À part sur les continents glacières, on trouve des poules partout dans le monde. **Saviez-vous que la poule ne fait l'objet d'aucun interdit alimentaire quels que soient le pays, la culture ou la religion ? On n'a pas fini d'en manger !**

Qui de la poule ou de l'œuf ?

Eh bien voici enfin la réponse ! Comme toute forme de vie sur terre est plus ou moins passée par l'état de reptile et que les reptiles pondent des œufs et que la poule garde encore mémoire de ce stade d'évolution avec les écailles sur les pattes, on peut donc affirmer que c'était l'œuf en premier, œuf de reptile ayant évolué ! Enfin un mystère de résolu !

Les expressions qu'elle a inspirées

Lait de poule : boisson chaude à base de lait, d'œuf, de sucre et de cannelle.

Cul-de-poule : récipient rond à fond arrondi permettant de fouetter la préparation.

Nid-de-poule : trou dans une route ou dans un terrain rappelant les cavités que creusent les poules pour se rouler dans la terre.

Avoir la chair de poule : se dit de quelqu'un qui a peur et qui a des frissons.

Papa ou maman poule : père ou mère ayant un comportement protecteur auprès de ses enfants.

Poule de luxe : femme ayant des goûts de luxe, maîtresse ou même prostituée.

Poule mouillée : se dit d'une personne froussarde.

Cage à poule : expression qualifiant un habitat petit.

Tuer la poule aux œufs d'or : gâcher ce qui nous permet de gagner de l'argent.

Se coucher comme / avec les poules : se coucher tôt.

Pied-de-poule : motif répétitif en textile.

Être comme une poule qui a trouvé un couteau : être maladroit.

› Mais sinon, ça sert à quoi ?

Une poule, c'est un oiseau qui pond des œufs « cadeaux » presque tous les jours, un oiseau qui gratte la terre à la recherche de petits vers ou de larves, un oiseau qui utilise un langage varié que l'on finit par comprendre, apprendre un peu plus chaque jour.

Quoi qu'il en soit, une poule, c'est du bonheur au quotidien pour ceux qui savent la regarder, la voir, l'aimer pour toutes ces petites choses qu'elle vous fera découvrir.

Pensez que le coq donne le sens du vent (quand il est girouette) ! Il est présent sur tant d'églises... c'est sacrément utile. En revanche, ça n'aime pas le vent et il faudra s'en souvenir pour construire son poulailler.

Et puis le coq c'est la représentation symbolique du peuple français, ce n'est donc pas rien !

VOS MOTIVATIONS… POURQUOI DES POULES ?

On a tous rêvé de poules dans notre petite enfance… une poule qui veille, qui couve, qui prévient et qui réchauffe ! Une poule qui nous regarde de face ou de biais, avec aplomb ou curiosité, mais en tout cas MA poule qui me plaît juste à MOI. Car il est question de ça, d'une rencontre, d'une poule qui nous ressemble (curieuse et intrépide) ou qui se fait désirer (fuyante et coquine). En tout cas, une poule qui nous offre un œuf souvent, tout chaud, tout lisse.

› Je veux manger des œufs frais !

Mais alors quelle poule pour combien d'œufs, de quelle taille et de quelle couleur ? On a en souvenir l'œuf beige que nos grands-mères rapportaient du poulailler, en pensant que chaque poule pondait un œuf chaque jour de l'année. Ils étaient tous de la même couleur et étaient toujours tièdes. Quelle surprise de découvrir plus tard des œufs de couleurs différentes (du vert céladon de l'Araucana au marron chocolat de la Marans ou encore blanc pur de la Bresse Gauloise).

Les poules ne sont pas des acharnées de l'œuf ! Les plus performantes pondent près de 250 œufs par an ! Pas de quoi faire des clafoutis tous les jours avec deux poules ! Et puis surtout, pas besoin de coqs pour avoir des œufs, juste une alimentation idéale et de la lumière, naturelle bien sûr !

› Une poule pour le plaisir

Passer au poulailler en fin de journée, quand la lumière vient à décliner doucement, pour **recueillir la production des poules est un plaisir inégalable !** À condition de ne pas craindre de coups de bec des poules décidées à couver dès les beaux jours. Mais une caresse sur la tête et une voix rassurante suffisent à les amadouer. Et puis, à la fin de la journée, lorsqu'elles sont toutes sur leur râtelier, en rang d'oignon, étonnées de vous voir apparaître reste un plaisir sans limite, simple, évident...

› Des poules de luxe !

Bien sûr, vos poules doivent vous plaire. Certains préféreront des poules coquettes, huppées, frisées, élancées ou à larges pattes bouffantes. **Naines ou géantes, chacun a le cœur qui bat pour une poule** ; c'est presque toujours une projection ancienne : la poule rassurante sera dodue, la poule coquette sera fine avec un plumage abondant sur le sommet du crâne, le coq pourra être fin et musclé, ou encore épais avec une crête imposante. Autant de choix chez les poules que dans le corps des humains !

DES ŒUFS DE TOUTES LES COULEURS

Détrompez-vous, la couleur de la coquille de l'œuf ne dépend en aucun cas de la vigueur ou l'état de santé d'une poule. Elle ne dépend que de la race de poule qui l'a pondu.

La poule pondeuse classique pond des œufs beiges comme ceux que vous avez l'habitude de consommer, mais il existe d'autres formes et couleurs d'œufs : œufs blancs chez la Leghorn, l'Apponzolloise, la Hambourg ; œuf brun-roux foncé pour la poule de Marans appelée poule aux œufs d'or ; œuf vert clair chez la poule originaire de la côte ouest de l'Amérique du Sud. Certains disent que le jaune de la poule Araucana ne contient pas de cholestérol.

La couleur du jaune varie selon l'alimentation de votre poule.

La consommation des œufs blancs est assez rare en France, mais elle est fréquente dans le Maghreb. Un œuf blanc est imaginé en France comme le fruit de la ponte d'une poule anémiée ! Que nenni bien sûr, mais les croyances ont la vie dure !

Faites de jolis cadeaux à vos amis en leur offrant une boîte d'œufs de plusieurs couleurs. Vous passerez pour un magicien coloriste et cela vous permettra de raconter tout ce que vous savez sur les poules et la ponte ! Voilà un prétexte pour briller en soirées !

En revanche, vous pouvez teindre vos œufs avec des colorants naturels pour leur donner une autre teinte : jus de betterave, thé, infusion de poireaux... et donc par porosité de la coquille, un léger parfum !

LES P'TITS TRUCS À SAVOIR AVANT DE SE LANCER...

Beaucoup de questions se bousculent dans nos têtes avant de nous décider : en quoi consiste cet engagement d'adopter des poulettes, combien de temps faut-il y consacrer, comment faire pendant les vacances... voilà enfin les réponses !

› Ça vit longtemps une poule ?

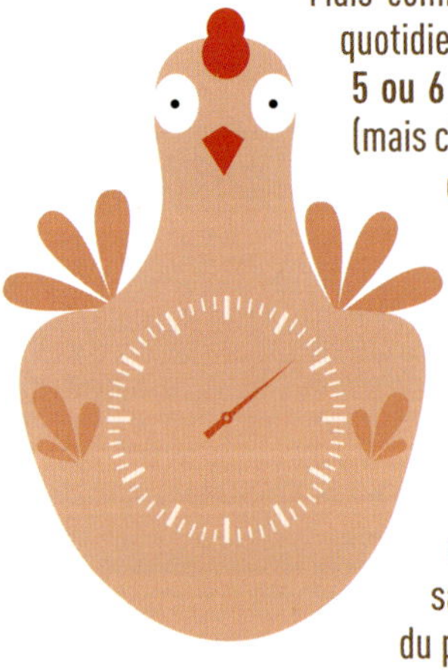

Mais combien de temps ces poules et coqs patiemment choisis et quotidiennement chéris vont-ils nous accompagner ? Quelque **5 ou 6 ans en général, jusqu'à 9-10 ans pour les plus solides** (mais c'est rare !) et bien moins à cause des nuisibles ou des soucis de gourmandise ou de santé de chacun de nos sujets chéris !

Mais l'amour ne se compte pas en nombre d'années ! Alors gageons que les nôtres, dans notre basse-cour, seront des champions du monde de longévité ! **Attention, une poule en parfaite santé ne pond pas toute sa vie.** Son adolescence démarrant vers 6 mois pour les naines à près de 1 an pour les grandes races, elle cesse de pondre entre 3 et 4 ans. Alors laissons-les finir leurs vieux jours sans œufs, mais avec toujours une place au chaud au sein du poulailler.

› Côté soins

Si peu de soins pour tant de satisfaction... on frôle presque le rêve ! Une alimentation saine, de la cendre de cheminée associée à un antipoux si quelques nuisibles font leur apparition et quelques vitamines en sortie d'hiver sont les seuls soins que nos coquettes nous demandent.

Des maladies spécifiques peuvent survenir : perte de poids, bec humide, râles... souvent de petites maladies faciles à traiter avec l'aide de son vétérinaire. Mais gardons en mémoire que cela est rare !

En revanche, la mise en quarantaine dès l'accueil de nouveaux sujets est importante pour éviter des contaminations de maladies sur une basse-cour saine. Une chose est sûre, si vous avez deux ou trois poules, vous ne vous exposez pas à grand-chose comme problème.

› Et au niveau de l'entretien ?

Les poules sont relativement simples à élever : un toit, de la paille, de l'eau et du grain sont les maîtres mots de l'entretien d'une poule. Une présence quotidienne n'est même pas nécessaire à condition qu'elles soient abreuvées et nourries suffisamment. De grands contenants feront l'affaire ! Donc **il est envisageable d'avoir des poules même dans une résidence secondaire.**

Bien sûr, il peut advenir des désagréments dans la basse-cour (visite de nuisibles, poule coincée dans un grillage, blessure), une visite tous les jours est donc recommandée mais pas obligatoire.

Que ce soit sur une terrasse ou dans une prairie, **ce qui amuse le plus une poule c'est de gratter !** Chaque jardinier ayant des poules le sait ! Alors méfiez-vous de vos plantations fraîches et apportez à vos poules tous vos déchets de table, épluchures de légumes, pain sec, céréales et autres gourmandises (non carnées bien évidemment) que vous pouvez leur offrir.

Contrairement aux lapins, la poule fait ses besoins partout, un bon entretien de la paille du poulailler est donc nécessaire. Mais ne cédez pas à la panique : en fonction de la taille du lieu et des poules – donc des déjections –, un curage tous les 15 jours ou plus peut suffire.

CHAPITRE 2
LE CASTING

AVANT DE CHOISIR...

Une fois la décision prise, reste à déterminer quelle poule adopter : une grande race élégante, une petite race huppée et pourquoi pas une simple et bonne pondeuse... à moins que vous ne craquiez pour une de chaque ! Voici des éléments pour vous aider à faire votre choix.

› Pour quel espace ?

Il est possible de n'avoir qu'une poule, mais elle s'ennuiera très vite toute seule : un duo est le minimum et l'une se collera contre l'autre le soir pour dormir en ayant bien chaud. Si vous ne disposez que d'un petit espace, c'est-à-dire 12 à 15 m^2, vous ne pourrez y mettre que deux ou trois petites poules ou une à deux poules de grande race, pas plus.

On ne le répétera jamais assez, **pour que des poules soient heureuses, elles ont besoin de place pour s'ébattre**. Alors ne cédez pas à la tentation de la quantité si vous ne pouvez pas leur offrir une promenade suffisante.

Si votre choix se porte sur des poules naines, cinq sujets seront heureux dans un enclos de 3 m x 4 m ou moins. On trouve de nombreux poulaillers vendus avec une promenade en grillage.

MES COQS SE BATTENT SANS ARRÊT...

Vous avez trop de coqs pour trop peu de poules (ou l'inverse), donc vous avez trois possibilités :

- Vous réduisez le nombre de coqs et invitez vos amis pour une « coq au vin party » !
- Vous augmentez le nombre de poules (quatre à cinq pour un coq). Mais n'oubliez pas qu'il faut de la place et le coût de l'élevage ne sera plus le même.
- Vous créez des enclos et y placez les coqs les plus hargneux avec quelques poules. Mais veillez à bien espacer les grillages !

› Pour quelle attente ?

Nous l'avons vu précédemment (voir pp. 13 à 15), l'arrivée de poules et de coqs au sein de votre jardin répond à des motivations plurielles. **Aussi, déterminez bien les critères qui vous semblent importants : taille / poids, couleur, plumage, rendement en œufs, capacité à couver, tempérament...** Autant de critères spécifiques qui, bien choisis, rendront le rapport à votre poule encore plus extraordinaire.

› Et où les trouver ?

Il existe plusieurs pistes pour trouver vos poules qui seront forcément les plus belles... uniques !

* Sur les marchés fermiers

On trouve encore des marchés aux bestiaux, où se réunissent éleveurs de tous poils et toutes plumes, dans de nombreuses campagnes, souvent associés aux jours du marché local. S'y croisent vendeurs de poules élevées en grandes quantités, réputées pour la chair ou la ponte, et petits éleveurs familiaux proposant des poules de race souvent en couple ou parquet ou encore des poules cayennes avec leurs petits. **Passer du temps sur ces marchés est une mine d'or pour apprendre à élever ses poules simplement.** Des conseils attrapés à la volée, le fruit d'une expérience et de patience vous seront transmis facilement. À condition d'oser demander ! Mais vous verrez, un éleveur de poules est intarissable sur le sujet ! Prévoyez un peu de temps... Il est rare de repartir les mains vides de ce type de marchés, d'autant que les prix sont généralement raisonnables.

* Les salons et foires avicoles

Ces lieux sont « le temple » de la volaille et quelquefois du lapin ou du pigeon. Vous trouverez « encagés » des sujets seuls ou en parquets, passés sous l'œil expert d'un juge qui aura évalué, noté et décrit les qualités et défauts de l'oiseau.

Vous trouverez de très beaux spécimens et pourrez acheter en connaissance de cause. Seul hic : les prix des sujets qui sont souvent à la hauteur de leurs qualités... Mais bon, pour un

débutant qui souhaite avoir de très beaux sujets garantis, c'est LE lieu pour faire ses achats.

Il faudra être stratège et organisé pour vos achats : dès l'ouverture des ventes (c'est-à-dire celle du salon ou de la foire), les acheteurs se jettent sur les meilleurs sujets. Repérez soigneusement les sujets qui vous plaisent (prévoyez plusieurs choix possibles) et dirigez-vous rapidement vers le bureau des achats.

* Sur le Web

Vous trouverez facilement les sites d'éleveurs sur Internet ou bien grâce au catalogue des éleveurs qui ont exposé dans les foires avicoles et qui sont spécialisés dans telle ou telle race. **Le site Volaille-Poultry est la mine d'or de l'information** (voir p. 59). Sur le site Le Bon Coin ou autres sites marchands, on trouve beaucoup d'annonces pour acheter des poules de race directement chez des éleveurs passionnés.

* Les fermes d'élevages

Ce sont des lieux d'exposition permanente spécialisés comme la ferme de Beaumont à Eu (Seine-Maritime).

> Jeunes ou adultes ?

Les sujets vendus en expositions avicoles sont en général adultes, ils ont ainsi eu le temps de révéler toutes les qualités dont la race doit être munie. Acheter un sujet jeune, c'est prendre le risque de découvrir des défauts inhérents à la croissance (crête, gabarit, courbure du dos). Mais ce ne sera pas un frein si vous recherchez une poule sans caractéristiques spécifiques.

Les poussins d'un jour comme les volailles dites « démarrées » ont besoin de chaleur. Il faudra donc posséder chez soi de quoi les élever avec une lampe chauffante et un espace confiné. Cela demande une installation et du matériel d'élevage que tout le monde ne souhaite pas acquérir (souvent coûteux).

EN ROUTE POUR LA MAISON !

Prévoyez une ou des caisses de transport : les caisses de transport pour chats sont idéales. Si vous n'en avez pas, les éleveurs vous fourniront des cartons solidement ficelés et dans lequel des fentes auront été découpées pour la ventilation. Attention cependant aux voyages longs pendant lesquels vos poules peuvent souffrir de la chaleur ou de déshydratation !

LES PLUS BELLES !

Parmi les poules de race, laquelle saura vous séduire ? La grande Brahma aux pattes bouffantes et au regard d'aigle, la Pékin tout en rondeur ou bien l'élégante Houdan huppée et cailloutée ? Le choix est grand et cornélien, car la beauté ne réside pas chez tout le monde au même endroit.

› Petite ou grande race ?

Les avis sont radicalement partagés entre grandes races et petites races. On a coutume de dire que les races les plus décoratives se trouvent généralement chez les naines car elles semblent être des concentrés de beauté et d'esthétisme. Parmi les plus attractives, on retrouve les Pékin, Wyandotte, Sebright, Padoue, Poule soie, Hollandaise à huppe...

Mais franchement comment ne pas être fan des grandes races, altières, paisibles, plus lentes, que l'on parvient facilement à attraper et qui nous remplissent les bras lorsqu'on les porte comme la Brahma !

Quoi qu'il en soit, beaucoup de races existent en grandes tailles ou naines, alors **il est vraiment facile de faire plaisir à chacun.** En revanche, protégez vos races naines des grandes races en cas de saillies, les coqs pouvant étouffer les petites poules.

› Selon vos critères…

* Les huppées

Les races huppées amusent beaucoup les passionnés comme la Padoue, la Poule soie, la Hollandaise à huppe ou la Houdan.

* Les races plumées aux pattes

Elles ont tourné le dos à leurs esthéticiennes, voici les poules poilues des pattes : la Brahma, la Pékin, la Sabelpoot et la Marans qui pondent des œufs brun foncé et qui ont quelques poils aux pattes !

* Celles tout en rondeurs

Elles ont le cul coiffé comme un chignon à boucle et des formes tout en rondeurs, voici les « poules Bottero » : Orpington, Pékin, Cochin et Wyandotte.

* Les barbues

Eh oui, des poules barbues ! Il n'y a pas que les femmes à barbes des cirques dans la vie : Barbues d'Uccle et d'Anvers, Houdan, certaines Poules soie, Faverolles.

* Les élancées

On les aime pour leur élégance et le raffinement de leur courbe graphique : Leghorn, Phoenix et Brackel.

* Les plus petits modèles

De la taille d'un pigeon, on les aime pour leur petite taille, leur élégance et leur facilité d'élevage en volière (car ils volent très bien !) : Serama, Java, Sebright.

Poule soie barbue

Houdan cailloutée

Pékin frisée mille fleurs

Coq soie

Pékin argentée

> Les races par régions

La France a la chance d'être le berceau de nombreuses races de poules. Certaines portent même le nom d'une ville (Marans, Coucou de Rennes, La Flèche) ou d'une région (Bresse, Cou-nu du Forez). Vous pouvez effectuer des recherches sur Internet ou vous rapprocher des clubs d'éleveurs aviculteurs de votre département. Il est d'ailleurs très fréquent de voir au cours des foires avicoles régionales un championnat concernant la plus belle poule de la race locale.

Voici une répartition non exhaustive des races françaises :

- **Région Nord :** Combattant du Nord, Bourbourg (région de Bourbourg), Coucou des Flandres (Flandres françaises), Estaires (Nord-Pas-de-Calais), Hergnies (Nord).

- **Région Centre :** La Flèche (Sarthe), Bourbonnaise (Allier), Bresse-Gauloise (Bresse), Charollaise (Saône-et-Loire), Contres (Loir-et-Cher), Coucou de France (Sarthe), Coucou du Forez (Loire), Gâtinaise (région de Sens), Géline de Touraine (Touraine), Lyonnaise (Lyon).

- **Région Est :** Alsacienne, Ardennaise, Meusienne (comme leur nom l'indique !).

- **Région Ouest :** Coucou de Rennes, Marans, Faverolles, Houdan, Barbézieux, Caumont (Basse-Normandie), Cotentine (Cotentin), Courtes-pattes, Crèvecœur (Normandie), Gournay, Janzé (Ille-et-Vilaine), Le Merlerault (Normandie), Le Mans (comme son nom l'indique !), Noire de Challans (Vendée).

- **Région Sud :** Aquitaine, Caussade (Tarn-et-Garonne), Gasconne (Sud-Ouest), Landaise (Landes).

DÉCRYPTER LES COULEURS DES PLUMAGES

Beaucoup de races de poule existent dans différents plumages. **Voici comment déchiffrer le code des plumes :**

- **Argenté** : plumage noir et blanc.
- **Barré** : plumes barrées d'un trait horizontal.
- **Bleu** : plumage gris à reflet bleu.
- **Citronné** : même esprit que mille-fleurs (voir ci-dessous), mais plumage plus clair allant vers une teinte beige doré.
- **Coucou** : plumage à rayures.
- **Doré** : plumage doré pour la poule avec des dessins proches de la plume d'une perdrix, plus coloré chez le coq avec un plumage allant du noir au brun en passant par de subtils dégradés d'or.
- **Mille-fleurs** : plumage brun-roux avec des taches blanches et noires bien réparties.
- **Noir caillouté** : plumage noir à tache blanche.
- **Pailleté** : plumage parsemé de petites taches.
- **Perdrix** : plumes dessinées à la façon d'une perdrix sauvage.
- **Porcelaine** : plumage gris-beige portant des petites taches blanches et écrues.

LES MEILLEURES PONDEUSES ET COUVEUSES !

Pour compléter le casting, il est important de connaître quelles sont les stars de la ponte et les meilleures mères poules. Car à chacune ses qualités, ses aptitudes !

> Ça pond combien une poule ?

Une poule pond entre 150 et 300 œufs par an pour les championnes, pendant les deux premières années de ponte. Les quantités diminuent au fil des années jusqu'à une extinction de la ponte entre 4 et 6 ans.

LA POULE QUI NE POND PAS

Aïe ! Votre poule semble adulte et ne pond toujours pas depuis que vous l'avez adoptée et ça fait 3 semaines ! Peut-être est-elle très belle… mais un peu vieille et l'âge de la ponte est passé ! Pour éviter ce piège et connaître l'âge d'une poule, c'est assez facile : regardez la couleur de la bague en plastique qu'elle porte à la patte. Chaque couleur annonce un millésime, il est donc difficile de tricher. Sans bague, à moins de l'acheter avant sa taille adulte, il sera difficile de déterminer son âge.

La quantité d'œufs pondus varie en fonction de la lumière, de la saison et de la mue de la poule. Ainsi, elle est plus dense en fin d'hiver et au printemps ; les fortes chaleurs de l'été peuvent gêner la ponte. L'espace de vie et la diversité de l'alimentation sont des facteurs importants également.

› Les meilleures pondeuses

La meilleure pondeuse est une poule noire cuivrée qui ne porte qu'un numéro pour les éleveurs qui, tout comme la simple poule rousse, est la championne toute catégorie.

Les autres poules pondeuses communes que l'on trouve sur les marchés, comme la Sussex, la cendrée ou la Coucou, sont moins productives mais restent de bonnes pondeuses.

Certaines races sont plus « productives » en œufs : les Leghorn, Bresse, Gâtinaise et Marans. Beaucoup d'éleveurs recherchent des poules couveuses afin de faire une petite production. Les souches intensives couvent mal, mais il y a des exceptions.

› Les meilleures couveuses

La race la plus connue pour la couvaison est la Poule soie. C'est sûr, mais certaines souches trop sélectionnées sur l'aspect extérieur ne couvent plus. La Pictave, naine française, a été créée, à l'origine, pour couver et élever les faisandeaux.

D'autres poules naines sont également réputées pour couver : Pékin, Chabo (anciennement appelée Nagasaki), mais aussi les cayennes (voir ci-dessous). Parmi les grandes races, on peut citer l'Orpington ou la Brahma qui couvent très bien...

› Un cas particulier : la poule cayenne

Il n'est pas rare d'entendre parler d'une poule cayenne sur les marchés ou par les éleveurs. C'est en fait une petite poule issue de croisements multiples et qui ne présente de ce fait plus aucune caractéristique de race. En d'autres termes, la cayenne est chez la poule ce que le bâtard ou le corniaud est chez le chien.

La poule cayenne est souvent très vive et championne toute catégorie pour couver et prendre soin de sa nichée ! Du fait de l'enrichissement de sang dû au croisement, c'est une poule très résistante et assez bonne pondeuse.

Pensez à couper les plumes sur le bout d'une des ailes lorsque vous la récupérez dans votre élevage, elle vole vraiment très haut du fait de son très faible poids.

Vous les trouvez facilement sur les marchés agricoles et elles coûtent vraiment peu cher (souvent moins de 10 euros). En revanche, ne vous mettez pas en tête de la manger car elle est souvent de petite taille et le peu de muscles existant est hypertonique.

CHAPITRE 3
POULAILLER ET ENCLOS

L'INDISPENSABLE POULAILLER

Comme nous avons tous besoin d'un toit, les poules ont besoin d'un abri pour dormir, se protéger des vents forts et du soleil de plomb, ou encore pondre en toute quiétude.

› Les règles d'or

Un poulailler, même simple, doit respecter ces quelques règles d'or :
- Pas de poulailler en zone trop humide afin d'éviter les moisissures et les champignons.
- Pas de poulailler ouvert face au vent : les poules détestent ça.
- Pas de poulailler sans perchoir afin de respecter l'instinct naturel de ces oiseaux.

› Ça ressemble à quoi ?

Alors quel poulailler ? En bois, en pierre en tôle ondulée ? Le bois respire, la pierre est plus solide et plus pérenne. Le coût de construction d'un poulailler en bois est moindre. Le poulailler sera de taille suffisante pour que chacun ou chacune ait sa place pour se percher en se serrant sans s'étouffer.

Que celui-ci soit une cabane dans laquelle vous pouvez entrer pour nettoyer l'espace ou une mini-cabane à la taille de vos poules, il doit toujours y avoir un **accès direct aux pondoirs pour la collecte des œufs, mais également au plancher** pour l'entretien régulier de celui-ci. Le luxe est d'avoir un nid pour chacune, mais elles

aiment tant pondre les unes sur les autres ! Une échelle, un lieu sans courant d'air et une trappe d'accès pour aller et venir et le tour est joué !

Une source de ventilation autre que la trappe d'entrée sera la bienvenue en période chaude. Celle-ci pourra être bouchée en période de grand froid.

Depuis peu, des designers ont imaginé des « maisons de poules » dignes des plus grandes réalisations contemporaines (http://www.omlet.fr/). Les poules branchées frémissent déjà à l'idée de pondre, couver et dormir dans ces abris du IIIe millénaire !

> Et les voisins ?

Il n'y a pas de contraintes réelles quant au voisinage. Cependant, des voisins grincheux pourraient avoir de bonnes raisons de se plaindre des chants matinaux. **Pensez à limiter le nombre de coqs** qui aiment à se répondre dès le lever du jour afin de faciliter l'implantation de votre nouvelle petite famille.

> À boire et à manger !

Pensez à placer l'eau et le grain de vos poules à l'abri des oiseaux du ciel et même de quelques nuisibles en plaçant les **abreuvoirs et distributeurs de grains à quelques centimètres du sol**, si possible dans vos bâtiments s'ils sont vastes ou sous abri si vous les laissez à l'extérieur.

› L'entretien

Le poulailler sera nettoyé régulièrement afin de garder un espace propre et de limiter la prolifération de poux et autres micro-organismes. Nous vous recommandons de curer les pailles souillées et lorsque le temps le permet (fortes chaleurs) de passer au jet d'eau l'intérieur du poulailler. Une fois les parois sèches, désinfectez avec un produit phytosanitaire spécifique à l'élevage (magasins d'élevage ou jardineries). **Un entretien rigoureux permet de garder ses poules en bonne santé.** La périodicité varie selon le nombre de poules résidant dans le poulailler, grosso modo tous les quinze jours ou trois semaines. Plus il sera entretenu régulièrement, plus il sera facile de le nettoyer à chaque fois. Une fois la paille propre remise, regardez vos poules s'y installer et creuser des petites cavités pour y nicher.

› Les nuisibles

En raison de l'utilisation de grains, de paille et d'eau, l'élevage attire de nombreux nuisibles. Pensez à surveiller très régulièrement la présence de souris et de rats. N'hésitez pas à **traiter aussi régulièrement que nécessaire** afin d'éviter l'invasion dangereuse pour vos poules et pouvant apporter des maladies, sans compter le coût en matière de graines dévorées ! Pour cela, utilisez des **appâts appropriés** vendus en jardineries ou magasins d'élevage. Variez les marques afin d'éviter toute adaptation des nuisibles à ces poisons. Attention cependant à les cacher des pattes et becs de vos poules (par exemple sous une boîte en bois percée de deux côtés ou sous une tuile renversée). Le piégeage nécessite de mettre à mort l'animal en cage, c'est un moment désagréable.

LE NON MOINS INDISPENSABLE ENCLOS

Un joli enclos herbu et arboré est le lieu idéal pour élever vos poules. Plus elles auront de l'espace, plus elles seront heureuses, alors pensez bien à son emplacement et suivez les conseils qui suivent avec attention.

› Est-ce obligatoire ?

Un lieu dédié à la promenade est indispensable pour vos poules. Que ce soit un enclos limité ou un jardin entier, elles aiment vaquer, explorer dans tous les coins. Un espace vert où gratter est proche de l'Éden pour elles : regardez-les s'affairer dans l'herbe à la recherche d'un vers de terre ou encore creuser et se frotter pour créer le fameux nid-de-poule, bien pratique pour se débarrasser de quelques parasites. Et en plus les poules aiment marcher, courir, échapper à des coqs insistants ou à une rivale, alors plus grand est l'espace, plus elles s'épanouiront.

Attention, veillez cependant à ce qu'il y ait des **limites pour les protéger** des animaux errants ou d'aventures périlleuses les mettant en danger (bassin, route...).

Pensez à des clôtures en grillage avec des mailles plus ou moins lâches en fonction de la taille de vos poules. Un coq Brahma ne se retient pas avec les mêmes mailles qu'une Sebright ! Pour éviter les renards et autres nuisibles, la meilleure solution reste un fil électrique placé à 10-15 cm du sol.

DES POULES ÉLEVÉES EN PLEIN AIR

Saviez-vous que la plupart des œufs consommés viennent de poules en cages qui ont 550 cm^2 pour vivre, soit une feuille A4 ?! Pensez à privilégier les œufs de poules élevées en plein air… ça aidera à changer peu à peu les modes de production d'œufs.

› Oui, mais quelle surface ?

Pas de poule sans balade, mais nul besoin d'avoir le parc du château de Versailles pour envisager de développer son poulailler. Un espace de 10 m^2 minimum par poule est requis pour que le sol herbeux se régénère et qu'elle puisse se déplacer librement. Bien évidemment, **plus l'enclos est vaste, mieux c'est, mais même un espace modeste suffit à une poule bien soignée pour être heureuse.** Attention à la chaleur en pensant à construire l'enclos avec une ombre nécessaire pour s'abriter des grosses chaleurs, par exemple des arbres ou des arbustes et en plus c'est joli !

CHAPITRE 4

ÉLEVER SES POULES

UN MENU À LA CARTE !

Une poule sur un mur qui picote du pain dur... picoti oui mais picote quoi ? Au menu de vos belles emplumées, que devrez-vous prévoir ?

> La poule mange un peu de tout

Les poules sont omnivores, c'est-à-dire qu'elles mangent quasiment de tout. Il est idéal pour elles d'être nourries de céréales mélangées. Pensez à leur donner vos épluchures de légumes et de fruits et quelques déchets de table, en évitant tout ce qui est carné. En revanche, elles sont friandes des déchets de poissons et de crustacés. Un vrai repas de fête pour elles ! Il n'est pas nécessaire de rationner ses poules. Elles s'occupent une bonne partie de la journée à gratter et rechercher de la nourriture dans le sol. Il n'y a pas de poules obèses qui vivent en liberté. Pour preuve, si vous voulez engraisser un chapon, il ne doit pas avoir trop d'espace pour s'ébattre !

Il faudra compter en moyenne **150 à 200 g de grains par poule et par jour** lorsqu'elle a un parcours extérieur. Si vous constatez une consommation exagérée, surveillez les alentours pour vérifier que vous n'avez pas de nuisibles qui mangent à l'œil !

Pour éviter le gâchis, il est indispensable de privilégier **des distributeurs adaptés** que vous trouverez dans les boutiques d'élevage ou spécialisées. Souvent en plastique ou en métal galvanisé, ils se suspendent en l'air afin d'ajuster la coupelle à nourriture à la hauteur de bec de la poule, sans poser au sol. Cela évite quelques nuisibles et de souiller la nourriture.

› Des petits cailloux !

Observez vos poules, elles consomment beaucoup de très petits cailloux. **Ceux-ci facilitent la digestion des graines dont elles se nourrissent** et permettent d'avoir des coquilles bien solides. Vous pouvez également leur donner des éclats de coquilles trouvés dans des magasins spécialisés pour l'alimentation des volailles.

› Des composts sur pattes !

Si vous prenez l'habitude de leur apporter **les déchets et épluchures** dans un sac en plastique, vous constaterez qu'elles reconnaissent très vite le bruit de ce sac en l'associant à « friandises ». Aussi, dès le bruit entendu, elles galoperont littéralement vers vous pour se saisir en premier des plus belles feuilles de salade ou peaux de concombre. Regardez-les ensuite s'éloigner du groupe comme des joueurs de rugby prêts à marquer un essai, pour protéger leur trésor et le dévorer tranquillement !

PETITS ET GROS BOBOS ?

Ce chapitre n'est pas un recueil issu du manuel du bon vétérinaire, voici cependant quelques repères pour vous apporter un peu d'aide au quotidien. Pas de panique, les poules sont des animaux robustes et souvent rustiques.

> Les prévenir

Le bon sens nous pousse à vous rappeler **quelques bases essentielles** : un entretien régulier des poulaillers (nettoyage, paille propre, entretien des bacs à eau) est un bon début, l'éradication des nuisibles porteurs de maladie ainsi que la mise en quarantaine des nouveaux sujets peuvent être très efficaces contre quelques tracas superflus !

Ayez **le réflexe «je vais chez le vétérinaire»** si quelques soins élémentaires ne fonctionnent pas et demandez-lui conseil lors de vos achats de médicaments pour votre elevage.

> La coccidiose

La coccidiose, maladie bien connue des éleveurs de poulets, est due à **un très petit parasite** (coccidie). Elle affecte principalement les jeunes sujets.

Les symptômes sont divers : diarrhées avec parfois traînées sanguinolentes, tristesse, soif intense, plumes hérissées, face pâle. Dans les formes aiguës, la mort survient rapidement.

La coccidiose est une maladie grave qu'il convient de traiter rapidement. Heureusement, les produits mis à notre disposition sont nombreux et assez efficaces.

> Les vers

Il existe plusieurs sortes de vers qui vivent dans votre poule. Pour certains vers, il est nécessaire de réagir vite car ils peuvent entraîner la mort. Le manque de vitalité, la perte de poids, la face pâle ou même encore un plumage hirsute peuvent être des indicateurs.

Le traitement contre ces parasites se fait à l'aide de vermifuges polyvalents, en pastilles ou à diluer dans l'eau ; dans ce dernier cas, il sera préférable de dispenser très peu d'eau à vos poules pendant le traitement pour être certain qu'elles se vermifugent correctement.

> Les parasites externes

Les « **poux** » représentent une réelle gêne pour vos poules. On les voit souvent autour du cloaque ou dans l'habitat. Appliquez sur vos poules une poudre antiparasitaire achetée chez votre vétérinaire.

La **gale des pattes** forme des croûtes blanches. L'application d'une lotion sera efficace pour le traitement.

› Le coryza

Si votre poule éternue ou a des écoulements autour du bec, c'est probablement un coryza. Les symptômes évoluent vite et les yeux deviennent gonflés, votre poule perd l'appétit et risque de mourir. Traitez-la rapidement à l'aide d'antibiotiques recommandés par votre vétérinaire.

Il existe d'autres maladies, mais plus rares, dont nous ne parlerons pas ici. Gardez bien en mémoire que si vous ne parvenez pas à soigner votre poule efficacement, **il ne faut pas hésiter à vous rendre chez votre vétérinaire** (un petit moment d'exotisme !) et surtout pensez à protéger et/ou traitez vos autres poules.

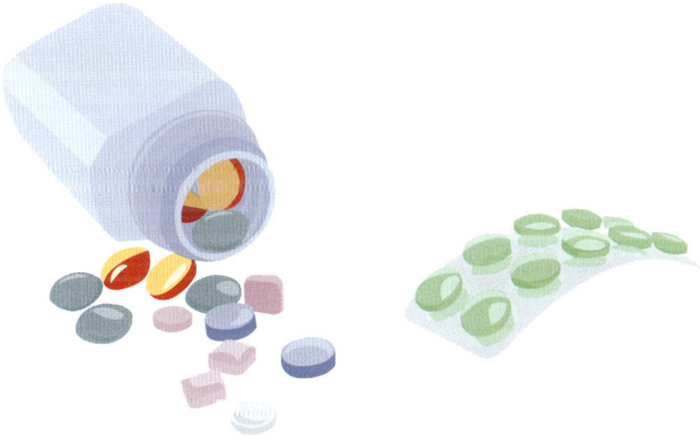

DES POUSSINS !

Le plaisir d'avoir des poules se multiplie lorsque naissent des poussins : ils sont si attendrissants, tout soyeux, tout doux et si téméraires... Une belle aventure s'annonce, à vous de jouer les mères poules !

› UN PRÉREQUIS : AVOIR UN COQ !

L'arrivée de poussins dans un élevage est un moment émouvant et fascinant. Mais comment réussir une couvade ? Tout d'abord un coq ! Eh oui, **sans coq pas d'œufs fécondés** ! Mais il faut aussi une poule arrivée à l'âge adulte : la maturité arrive vers 9 à 10 mois chez les grandes races et vers 5 à 6 mois chez les petites races. On dit que le coq côche la poule, c'est-à-dire qu'il la féconde lorsque les deux cloaques des animaux entrent en contact, c'est dingue, non ?!

› COMMENT ÇA SE PASSE ?

La poule va pondre chaque jour un œuf qu'elle décidera de couver dès que la ponte d'une semaine ou 10 jours sera satisfaisante pour elle. Aussi, il faut soit veiller à ne pas ramasser les œufs, soit la laisser prendre place sur son nid sans la déranger. **Pendant 21 jours elle veillera sur ses œufs avec attention,** en les retournant régulièrement afin qu'il n'y ait pas d'adhérences dans la coquille.

Soyez attentif, la poule qui couve peut se négliger, voire se sacrifier en mangeant peu, en buvant peu et en faisant trop peu d'exercice. Si vous la trouvez en petite forme, n'hésitez pas à l'aider à sortir du nid, à lui proposer de la nourriture et de l'eau pour qu'elle s'hydrate et se nourrisse suffisamment.

PAS D'ŒUFS...

Vérifiez d'abord que votre poule est toujours en âge de pondre (voir p. 33). Puis observez-la : si votre poule a du jaune près du bec, cela signifie qu'elle aime ses œufs à la folie et du coup... elle les mange ! C'est embêtant, mais on arrive généralement à lui faire perdre cette mauvaise habitude. Guettez bien sa ponte et remplacez son œuf par un œuf en plastique dur. Impossible à casser, elle va user son bec sans comprendre ce qui se passe. Elle abandonnera vite ce mauvais tic ! Si les symptômes persistent, c'est ennuyeux car la poule risque de transmettre ce vice à ses copines !

Si vous avez bien suivi ces recommandations mais que vous ne trouvez toujours pas d'œufs dans le nid, allez faire une visite de poulailler à la nuit tombée pour rechercher le gourmand d'œufs en la personne de Monsieur Hérisson ! Il en est friand et s'en régale jusqu'à la dernière miette. Mais ne le tuez pas ! Utilisez un gant de rosier et une pelle, et déplacez-le suffisamment loin pour qu'il ne revienne plus. Ou placez le nid hors de portée de celui-ci.

› Des naissances !

Au bout de 19 jours, vous pourrez entendre quelques piaillements à travers les coquilles, signe du bon état de santé des futurs poussins.

Au bout de 21 jours, les premières coquilles se craquellent sous les coups de bec des poussins qui, grâce au diamant situé à leur bout, font le tour de celles-ci pour en casser complètement une extrémité. Puis chaque poussin s'extirpe de sa coquille au prix d'énormes efforts. À propos du diamant, celui-ci tombe du bec au bout de 48 heures. La poule reste alors sur le nid pour maintenir la chaleur nécessaire à sa survie. Le poussin sèche grâce à cette chaleur, et son duvet peut alors se déployer.

Tour à tour, chaque œuf suit le même processus et vous pourrez voir, cachés sous les ailes de la poule, quelques petites têtes curieuses. Une fois tous les œufs éclos, la poule sort du nid avec ses petits pour les laisser découvrir le monde !

› Des poussins de toutes factures !

Vous le découvrirez, **tous les poussins ne sont pas jaunes** ! Ils peuvent avoir une couleur allant du jaune au brun-noir selon la race. Les races huppées naissent avec une petite bosse sur la tête, les races plumées aux pattes avec du duvet déjà apparent. Bref, un poussin ce n'est pas que jaune comme sur les calendriers de la Poste !

> Une petite famille à protéger

Les poussins s'éloignent, mais **la poule les surveille, leur parle, les rassemble** à l'aide de ses petits gloussements spécifiques.

Veillez à ce que vos autres poules laissent les poussins tranquilles, qu'elles ne cherchent pas à les piquer. Si tel est le cas, mettez vos poussins et leur maman dans un espace protégé des autres poules : mue (« cage portative » qui se pose au sol, là ou on le souhaite), clapier, enclos spécifique avec un grillage très fin.

Veillez aussi à placer un contenant pour les aliments et l'eau plutôt bas pour que les poussins puissent se nourrir facilement et qu'ils ne se trouvent pas immergés dans un bac à eau trop profond. **Pensez à acheter des aliments spécifiques pour eux** (« démarrage poussin », qui est un aliment mouliné sous forme de farine).

Au fil des semaines, adaptez les aliments à leur croissance en proposant des granulés plus gros et en y associant des céréales écrasées pour le tube digestif des poussins. Bien sûr, ils seront friands d'herbe et de petits insectes découverts au fil de leurs déambulations.

> Les couveuses artificielles

Il est possible de placer des œufs dans **un incubateur à température constante et chaude** (recommandée par les fabricants de couveuses) et de veiller à ce que les œufs soient fécondés **à l'aide d'un mire-œufs**. Le plus simple est de s'équiper d'un incubateur qui retourne automatiquement les œufs, sinon vous devrez le faire deux fois par jour !

COMMENT TROUVER UN CLUB DE PASSIONNÉS ?

Dans chaque département, un ou plusieurs clubs d'aviculture existent. Les Pages Jaunes et les sites Web sont une source de renseignement, les mairies également avec la liste des associations.

Cependant, vous pouvez aller chercher toutes les informations nécessaires sur le site de référence en matière de poules et d'élevage :

http://volaillepoultry.pagesperso-orange.fr

Ce site regorge d'adresses de conseils, de dates d'événements recueillis par Jean-Claude Périquet, expert, juge et talentueux auteur de bibles sur les volailles.

SCAF (Société Centrale d'Aviculture de France)
28, rue du Rocher, 75008 Paris
http://s.c.a.f.free.fr/

FFV (Fédération Française des Associations d'Éleveurs de Gallinacés et de Palmipèdes)
2-3, hameau de Pierreville, 55400 Gincrey
Tél. : 03 29 87 15 56
http://volaillepoultry.pagesperso-orange.fr/ffv1.html

LEXIQUE DE L'ÉLEVEUR

Autosexable : se dit d'une poule dont le plumage est distinct chez le poussin mâle ou femelle.

Barbe : plumes de la gorge particulièrement développées remplaçant ou accompagnant les barbillons. Peut varier de forme avec la race qui en est pourvue.

Barbillon : membrane cutanée qui se trouve de chaque côté du bec de la poule ou du coq.

Cloaque : orifice postérieur de la poule par lequel sortent les déjections, mais aussi les œufs.

Côcher : action d'ensemencer un ovule de poule (œuf) par le sperme d'un coq.

Crête : appendice charnu, de différentes formes selon les races, sur le crâne des coqs et poules.

Crétillon : chacune des divisions du sommet d'une crête simple. On dit aussi « dents ».

Démarré : âge d'une poulette n'ayant plus besoin de chauffage pour se développer (6 à 8 semaines environ).

Ergot : éperon corné implanté sur la partie arrière interne des tarses des coqs et grandissant avec l'âge.

Faucilles : grandes plumes cintrées de la queue des coqs.

Huppe : touffe de plumes située sur la tête des coqs et poules de certaines races. Les huppes de grande taille sont portées par une déformation du crâne en forme de bosse. Les plumes des huppes des coqs sont terminées en pointe, celles des huppes des poules en arrondi. Le très grand développement des huppes de certaines races s'accompagne d'une diminution, voire d'une disparition de la crête comme chez la Padoue et la Hollandaise huppée.

Oreillon : repli de peau dénudé situé sous l'orifice du conduit auditif. Sa couleur varie selon la race.

Parquet : en exposition, groupe d'un coq et trois poules présentés dans la même cage.

Tarse : partie visible, dénudée (sauf exception) du membre postérieur des volailles, située entre le tibia et les doigts, recouverte d'écailles.

Variété : différents coloris de plumage d'une race.

INDEX

Crédits photographiques :
Toutes les photos sont de Franck Schmitt.

Illustrations :
Mathieu Tougne.

Direction éditoriale : Élisabeth Pegeon.
Suivi éditorial : Frédérique Chavance.
Direction de création : Laurent Quellet.
Direction artistique : Mathieu Tougne.
Mise en pages : Mathieu Tougne.
Fabrication : Aurélie Lacombe.

Photogravure : Amalthéa.

N° d'éditeur : 49666 (R18058)
Achevé d'imprimer en mars 2018 par Publikum en Serbie.